U0630662

# 来日方长

限量版手绘笔记册

毛丹青

世界图书出版公司
上海·西安·北京·广州

**图书在版编目(CIP)数据**

来日方长：限量版手绘笔记册：日文 / 毛丹青著.
—上海：上海世界图书出版公司，2017.9
ISBN 978-7-5192-3443-0

Ⅰ.①来… Ⅱ.①毛… Ⅲ.①日语-语言读物
Ⅳ.①H369.4

中国版本图书馆CIP数据核字(2017)第179358号

| | |
|---|---|
| 书　　名 | 来日方长　限量版手绘笔记册<br>Lairifangchang Xianliangban Shouhui Bijice |
| 著　　者 | 毛丹青 |
| 责任编辑 | 苏　靖 |
| 装帧设计 | 高家鋆 |
| 出版发行 | 上海世界图书出版公司 |
| 地　　址 | 上海市广中路88号9 - 10楼 |
| 邮　　编 | 200083 |
| 网　　址 | http://www.wpcsh.com |
| 经　　销 | 新华书店 |
| 印　　刷 | 杭州恒力通印务有限公司 |
| 开　　本 | 787mm × 1092mm　1/32 |
| 印　　张 | 5 |
| 字　　数 | 19千字 |
| 版　　次 | 2017年9月第1版　　2017年9月第1次印刷 |
| 书　　号 | ISBN 978-7-5192-3443-0 / H · 1399 |
| 定　　价 | 38.00元 |

# 来日方长

来日方长

来日方长

来日方长

尾曲りネコ

illustrated by マオ·タンセイ

来日方长

来日方长

来日方长

illustrated by マオ・タンセイ®

中日関係はこんな状況なのに、なぜ
日本に来る中国人旅行者が増えているのか？
そして、訪中日本人は減る一方となったのは
なぜだ？どうみても、不思議すぎる！
illustrated by マオ タンセイ㊞

来日方长

illustrated by マオ·タンセイ®

来日方长

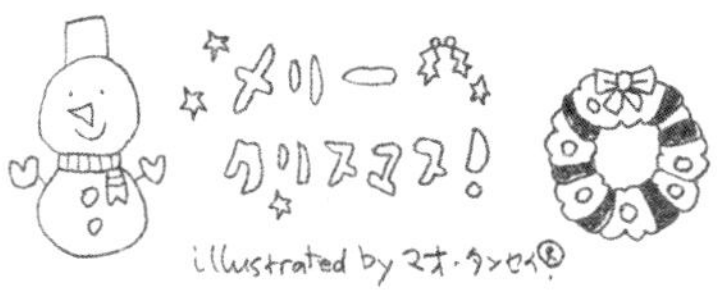

来日方长

来日方长

illustrated by マオタンセイ®

# 来日方长

来日方长

来日方长

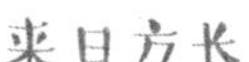

来日方长

来日方长

来日方长

# 来日方长

Cloninger図解

パーソナリティ

無意識の自動的反応

自覚した計画の意識

気質(連合条件付け)

性格(概念的洞察)

意味

固執

報酬依存

新奇性探求

損害回避

自己超越性

協調性

自己志向性

サリエンス

(Salience)

# 来日方长

来日方长

illustrated by マオ・タンセイ®

来日方长

illustrated by マオタンセイ®

来日方长

祇園祭

illustrated by スズ・タシロイ

# 来日方长

女優·原節子。昭和と共に
生きた。小津安二郎、黑澤明
など日本映画の巨匠の作品に
数多く出演し、日本人離れた類
い稀な美貌と共に、生涯独身
を通し「永遠の処女」と呼ばれた。

illustrated by
マオ·タンセイ®

来日方长

## 来日方长

『火花』中国語版（简体字）刊行記念
訳者による又吉直樹への インタビュー
2016.12.28 新宿ルミネ。
illustrated by マオ・タンセイ®

# 来日方长

コツコツ
やったら
やっただけの
ことはある

illustrated by マオ・タンセイ

コンコン
チキチン
祇園祭
illustrated by マオタンセイ
大船鉾

# 来日方长

· 人の移動速度

ex. 19c半ばまで船も馬車も約16km/h→鉄道97km/h

蒸気船48km/h

航空機：プロペラ機480km/h→ジェット機（1950年代）970km/h

人の移動速度：19c後半からの1世紀の間に最大60倍に

· 通信速度

· 通信技術と輸送技術の分離：情報伝達の時間

空間的制約からの解放↓

植民地帝国主義時代→国民国家体系のグローバル化へ

Ⅱ 20世紀後半の輸送・通信技術の革新

a. 輸送技術と通信技術の再統合

b. 更なる技術革新とメディアの多様化

ex. PC Internet、携帯電話、SNSなどの開発

c. 社会空間の再編過程としてのグローバル

ex 国民国家（体系）の相対化・変容

新たな社会空間の創出・発展

# 来日方长

Ⅲ グローバル化と国際関係論の課題

a. 社会空間再編の視点

1. 社会関係の脱領域化・複層化
2. 問題領域(issueareas)の越境化
3. 行為体(actors)をめぐる「越境化」 multi-sector

b. 公共域の再編を通じた政治・文化空間の新地平の開拓。効果と公正。

社会 技術

ex: 人間の活動の輪郭が不明瞭となってきた。

来日方长

# 来日方长

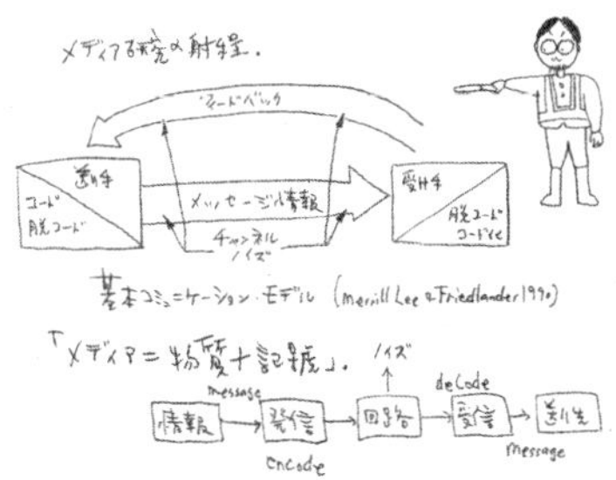
メディア研究の射程。
フィードバック
送り手
コード
脱コード
メッセージ/情報
チャンネル
ノイズ
受け手
脱コード
コード化
基本コミュニケーション・モデル (merrill Lee & Friedlander 1990)
「メディア＝物質＋記号」。
ノイズ
message
decode
情報
発信
回路
受信
送り先
encode
message

来日方长

来日方长

来日方长

# 来日方长

# 来日方长

来日方长

来日方长

来日方长

在日本

Illustrated by
マオ・タンセイ

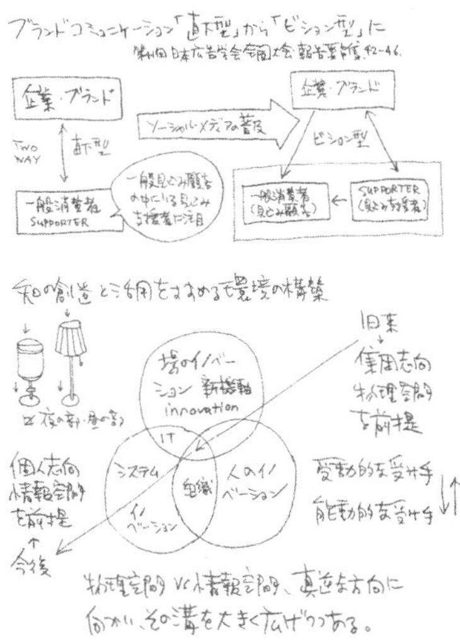
ブランドコミュニケーション「直下型」から「ビジョン型」に
企業・ブランド
ソーシャルメディアの普及
ビジョン型
TWO WAY
直下型
一般見込み顧客の中にいる見込み支援者に注目
一般消費者
SUPPORTER
一般消費者（見込み顧客）
SUPPORTER（見込み支援者）
知の創造と活用をすすめる環境の構築
旧来
集団志向
物理空間
を前提
場のイノベーション
innovation
IT
システムイノベーション
組織
人のイノベーション
個人志向
情報空間
を前提
今後
受動的な受け手
能動的な受け手
物理空間 vs 情報空間、真逆な方向に
向かい、その溝を大きく広げつつある。
illustrated by マオ・タンセイ
http://twitter.com/maodanqing

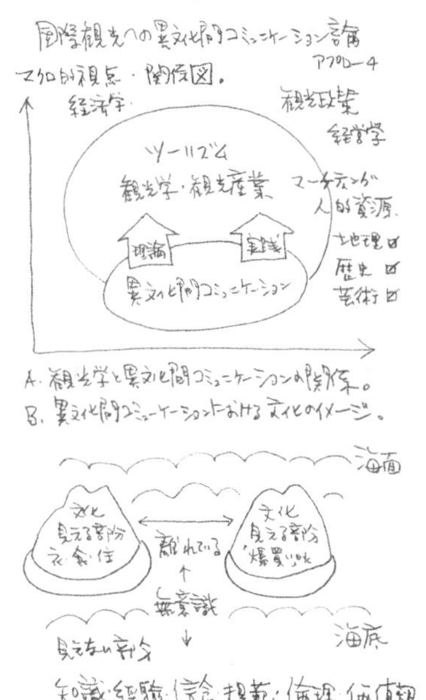
国際観光への異文化間コミュニケーション論
アプローチ
マクロ的視点・関係図。
経済学
観光政策
経営学
ツーリズム
観光学・観光産業
マーケティング
人的資源
地理
歴史
芸術
理論
実践
異文化間コミュニケーション
A. 観光学と異文化間コミュニケーションの関係。
B. 異文化間コミュニケーションにおける文化のイメージ。
海面
文化
見える部分
衣・食・住
離れている
文化
見える部分
無意識
海底
見えない部分
知識・経験・信念・規範・倫理・価値観

# 来日方长

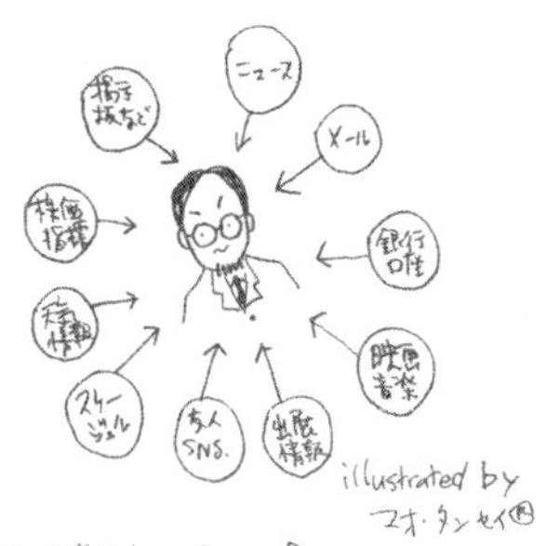


☑ 議論の場を提供する

☑ ブログとSNSの未来像とは、

☑ △型のジャーナリズム

☑ 「画一化」を避けることが重要

☑ あくまで「主体は人間」で、内容だ

☑ 日本文化の情報を立体的に。

神奈川大学 2016.1.20（水曜）

来日方长

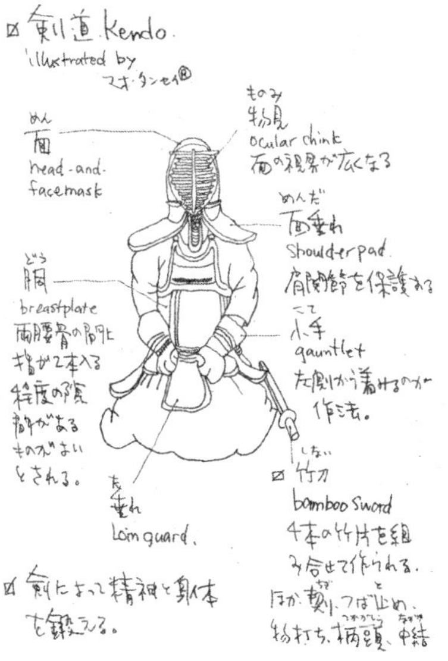
剣道 Kendo
illustrated by
マオ·タンセイ
物見
ocular chink
面の視界が広くなる
面
head-and-
facemask
面垂れ
Shoulder pad
肩関節を保護する
胴
breastplate
小手
gauntlet
左側から着けるのが
作法。
竹刀
bamboo sword
4本の竹片を組
み合せて作られる。
垂れ
Loin guard
剣によって精神と身体
を鍛える。

# 来日方长

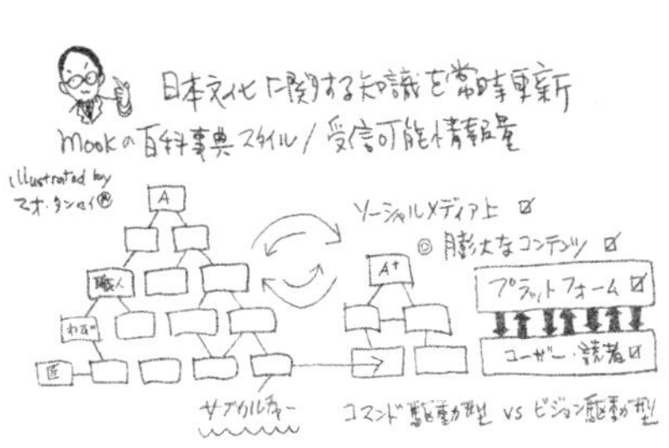
日本文化に関する知識を常時更新
Mookの百科事典スタイル／受信可能情報量
illustrated by
マオ・タンセイ
A
職人
匠
ソーシャルメディア上
膨大なコンテンツ
A+
プラットフォーム
ユーザー・読者
サブカルチャー
コマンド駆動型 vs ビジョン駆動型

# 来日方长

心静

嫌な人と無理につきあう
こともないし、気の小さい
誰かに怒鳴られてあげる
必要もないので、ノーストレス！

illustrated by マオ・タン・セイ®

# 来日方长

来日方长

来日方长

# 来日方长


Japanese Manzai 漫才。
Chinese Xiangsheng 相声.
☑ コンビ間の相対位置
☑ 身体方向
☑ 発話移行区間長
illustrated by マオ・タンセイ®.

# 来日方长

来日方长

来日方长

村上春树

PPAP?

GO!

illustrated by マオ·タンセイ®

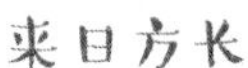

来日方长

来日方长

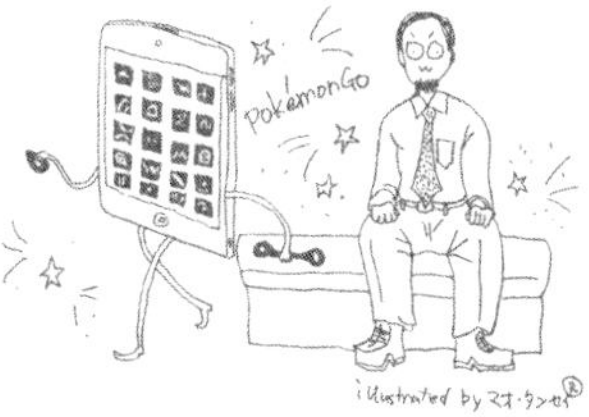
pokémonGo
illustrated by マオ·タンセイ

来日方长

お花見
illustrated by マオ・タンセイ

来日方长

来日方长

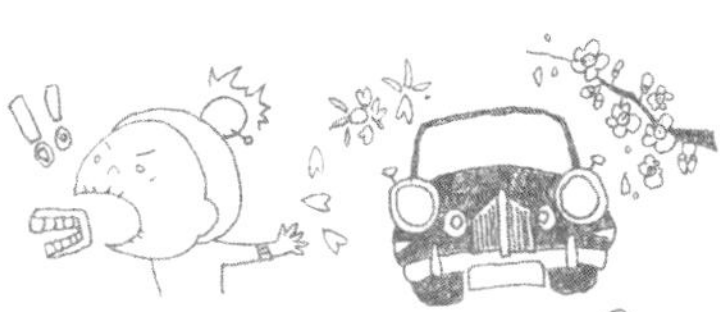
illustrated by マオ・タンセイ

来日方长

# 来日方长

千代の富士 貢
(1955~2016)

大相撲の第58代横綱・千代の富士の九重親方（本名・秋元貢）が死去したことが2016年7月31日分かった。61歳。北海道出身。1981年秋場所から横綱に。「ウルフフィーバー」を巻き起こした。通算1045勝、幕内優勝31回。

illustrated by マオ・タンセイ®

台風16号接近、列島縦断、各地で被害相次ぐ。折角の3連休も何もできずにふさぎ込んでいる人！僕もそうだけど。

『失われた20年』と『恵まれた20年』Japan編。

☑ 村上隆　1962年生まれ　1988年東京芸術大学院[illegible]

日本画家への道を断念。1993年博士号

『美術における「意味の無意味の意味」をめぐって』と題した博士論文を発表

1994年、ロックフェラー財団からの招待を受け、NYに滞在。

1998年、カリフォルニア大学ロス校美術建築学部客員教授。

2001年展覧会Super Flatジャパニーズ・オタクカルチャー。

2006年リトルボーイ展NY受賞。

2006年芸術選奨文部科学大臣新人賞受賞。

2008年米Time誌の(世界で最も影響力のある100人)に選ばれた。

リトルボーイ
Little Boy the arts of
Japan's Exploding Sub·C

謝恩会
illustrated by マオ・タンセイ
毎年のこの会、僕は決まって
言うことばがある↓
「今日、皆さん晴れて卒業
を迎えることができました！
おめでとうございます。
皆さんの輝かしい未来を
祝福してかんぱ〜い！」

# 来日方长

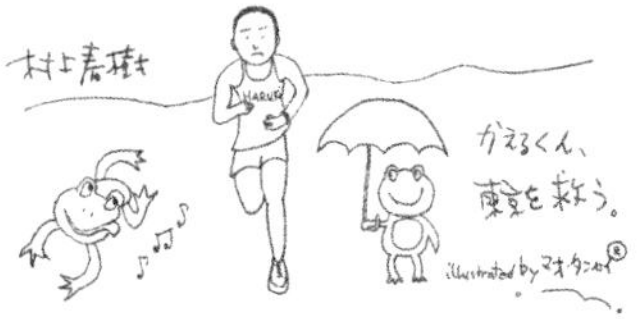

来日方长

# 来日方长

北陸合宿
Workshop。
Cafe
View
禁止でしたが…
読書
Don't mind!
illustrated by マオタンセイ

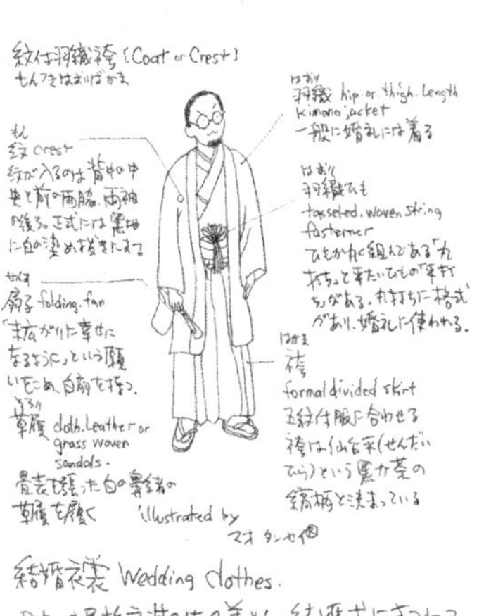
紋付羽織袴［Coat or Crest］
もんつきはおりばかま
はおり
羽織 hip or thigh length
kimono jacket
一般に婚礼には着る
もん
紋 crest
紋が入るのは背中の中
央と前の両胸、両袖
の後ろ。正式には黒地
に白の染め抜きになる
はおり
羽織ひも
tasseled, woven string
fastener
ひもが丸く組んである「丸
打ち」と平たいひもの「平打
ち」がある。丸打ちに格式
があり、婚礼に使われる。
せんす
扇子 folding fan
「末広がりに幸せに
なるように」という願
いをこめ、白扇を持つ。
ぞうり
草履 cloth, leather or
grass woven
sandals.
畳表を張った白の鼻緒の
草履を履く
はかま
袴
formal divided skirt
五紋付服に合わせる
袴は仙台平（せんだい
ひら）という黒か茶の
縞柄と決まっている
illustrated by
マオ タンセイ画

結婚衣装 Wedding clothes.

日本人の民族衣装である着物。結婚式にまつわる着物にもドレスと同じようにさまざまな種類があり、自分の希望や会場の雰囲気などに合ったものを選びたいもの。着物には古来から伝わる柄の意味や季節感、道理にかなったいわれなどが言い伝えられている。それらを知ると、和装への興味も深まる。

グーグル・FacebookやTwitterなどの主要なソーシャル・メディアには基本的にアクセスできない。とは言っても、2大SNSがある。Wechat保有者アクティブユーザー数7.84億人(2015) Weiboユーザー数も2.61億人だという。さて、どのようにすればいいのか。

来日方长

白無垢 pure white dress.

筥迫 purse
懐紙、鏡、櫛、紅などを入れて懐中する。

懐剣
dagger
布袋に入った護身用の短剣。

掛け下
the most formal kimono with long sleeves (beneath the uchikake)
打掛の下に着る振袖。

綿帽子
bride's head-dress
綿帽子とは、花嫁が和装婚礼衣装の白無垢を着る際に、文金高島田を結った頭の上にやや深めに被る白い布。髪を結っていてもすっぽりと額ほどまで覆いかぶさる大きさ。

打掛
highly formal long outer dress. 打掛小袖ともいい、小袖の上からもう一枚同じ形のものを肩にかける。武家の女性の礼装。

illustrated by
マオ・タンセイ㊞

結婚衣裳を着用しての結婚式が行われるようになったのは江戸時代の中期である。紋付羽織の紋は武家社会の官位を表す指標であった。紋は染め抜きが正式で、縫紋は略式である。掛下、帯、打掛、小物まで、全てを白一色にしたその姿は、名前どおり、汚れなく、まっさらな状態で嫁ぐという意味が込められているという。

来日方长

来日方长

来日方长

来日方长

来日方长